2009 제54회

現代文學賞

수상시집

안규철, 「두 개의 빈 의자」, 드로잉

| 현대문학상 기념조각 |

안규철

책은 양면적인 요소들이 중첩되어 있는 물건이다.
책에는 왼쪽과 오른쪽 페이지가 있고, 보이는 앞면과 보이지 않는 뒷면이 있다.
안과 밖이 있고, 시작과 끝이 있다. 흰 종이와 검은 잉크가 있고,
드러난 것과 숨겨진 것이 있으며, 저자와 독자가 있다.
서로 상반되면서 동시에 상호의존적인 이런 요소들은 책이 닫혀져 있을 때는 드러나지 않는다.
책은 상자와 같아서, 책장이 펼쳐지기 전에 그것은 무뚝뚝한 한 덩이 종이뭉치에 불과하다.
책을 열면 이렇게 하나였던 것이 둘이 된다. 왼쪽과 오른쪽이, 안과 밖이, 저자와 독자가 거기서 생겨난다.
그리고 그 둘 사이에서, 낯선 한 세계의 지평선이 떠오른다.
마술사의 손바닥에서 피어나는 꽃처럼, 작은 책갈피 속에서 세계 하나가 온전한 윤곽을 드러낸다.
문학작품 앞에서 늘 그것이 경이롭다.

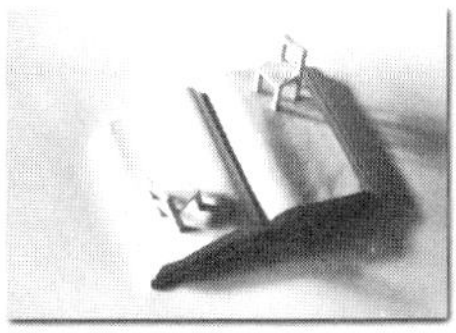

第 54回 現代文學賞 수상시집

마종기

파타고니아의 양 외

현대문학

| 차 례 |

수상작

수상시인 자선작

수상 후보작

역대 수상시인 근작시

심사평

수상소감

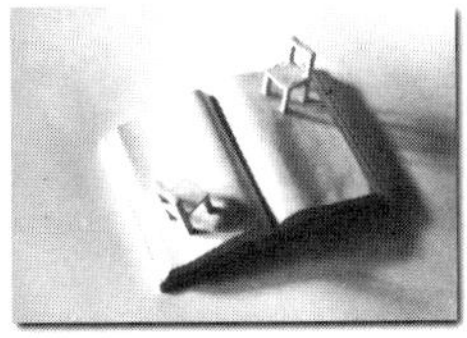

수상작

파타고니아의 양 외

마 종 기

마종기

파타고니아의 양 외

1939년 일본 도쿄 출생. 1960년 《현대문학》으로 등단.
시집 『조용한 개선』 『두 번째 겨울』 『안 보이는 사랑의 나라』
『이슬의 눈』 『그 나라 하늘빛』 『새들의 꿈에서는 나무 냄새가 난다』
『우리는 서로 부르고 있는 것일까』 등.
〈한국문학작가상〉 〈편운문학상〉 〈이산문학상〉 〈동서문학상〉 등 수상.

파타고니아의 양

거친 들판에 흐린 하늘 몇 개만 떠 있었어.
내가 사랑을 느끼지 못한다 해도
어딘가에 존재한다는 것만은 믿어보라고 했지?
그래도 굶주린 콘도르는 칼바람같이
살이 있는 양들의 눈을 빼먹고, 나는
장님이 된 양을 통째로 구워 며칠째 먹었다.

어금니 두 개뿐, 양들은 아예 윗니가 없다.
열 살이 넘으면 아랫니마저 차츰 닳아 없어지고
가시보다 드센 파타고니아 들풀을 먹을 수 없어
잇몸으로 피 흘리다 먹기를 포기하고 죽는 양들.

사랑이 어딘가에 존재할 것이라고 믿으면, 혹시
파타고니아의 하늘은 하루쯤 환한 몸을 열어줄까?
짐승 타는 냄새로 추운 벌판은 침묵보다 살벌해지고
올려다볼 별 하나 없이 아픈 상처만 덧나고 있다.
남미의 남쪽 변경에서 만난 양들은 계속 죽기만 해서
나는 아직도 숨겨온 내 이야기를 시작하지 못했다.

여름의 침묵

그 여름철 혼자 미주의 서북쪽을 여행하면서
다코다 주에 들어선 것을 알자마자 길을 잃었다.
길은 있었지만 사람이나 집이 보이지 않았다.
대낮의 하늘 아래 메밀밭만 천지를 덮고 있었다.
메밀밭 시야의 마지막에 잘 익은 뭉게구름이 있었다.
구름이 메밀을 키우고 있었던 건지, 그냥 동거를 했던 것인지.
사방이 너무 조용해 몸도 자동차도 움직일 수 없었다.

나는 내 생의 전말같이 무엇에 홀려 헤매고 있었던 것일까.
소리 없이 나를 친 바람 한 줄을 사람인 줄 착각했었다.
오랫동안 침묵한 공기는 무거운 무게를 가지고 있다는 것,
아무도 없이 무게만 쌓인 드넓은 곳은 무서움이라는 것,
그래도 모든 풍경은 떠나는 나그네의 발걸음이라는 것,
그 아무것도 모르는 네가 무슨 남자냐고 메밀이 물었다.

그날 간신히 말없는 벌판을 아무렇게나 헤집고 떠나온 후
구름은 다음 날 밤에도 메밀밭을 껴안고 잠들었던 것인지,
잠자는 한여름의 극진한 사랑은 침묵만 지켜내는 것인지,

나중에 여러 곳에서 늙어버린 메밀을 만나 공손히 물어도
그 여름의 황홀한 뭉게구름도, 내 이름도 기억하지 못하고
면벽한 고행 속에 그 흔한 약속만 매만지고 있었다.

디아스포라의 황혼

내가 원했던 일은 아니지만
안녕히 계세요,
나는 이제 가겠습니다.
산다는 것은 떠나는 것이라지만
강물도 하루 종일 떠나기만 하고
물살의 혼처럼 물새 몇 마리
내 눈에 그림자를 남겨줍니다.

한평생이라는 것이
길고 지루하기만 한 것인지,
덧없이 짧기만 한 것인지
가늠할 수 없는 고개까지 왔습니다.
그대를 지켜만 보며, 기다리며
나는 어느 변방에서 산 것입니까.

착하고 정직한 것만이
마지막 감동이라고 굳게 믿었던
젊고 싱싱한 날들은 멀리 가고

노을이 색을 바꾸며 졸고 있습니다.

당신의 마지막 포옹만 믿겠습니다.
내 노래는 그대를 만나서야, 드디어
벗은 몸의 황홀한 화음을 탔습니다.
주위의 풍경이 눈치 보며 소리 죽이고
감은 눈의 부드러움만 내게 남는 것이
이 나이 되어서야 새삼 눈물겹네요.

국경은 메마르다

이제 알겠니,
내가 왜 너와 한 몸이
되고 싶어 했는지

나라와 나라 사이,
너와 나 사이,
마지막 거부의
칼날 빛 차가운 철책.

어색한 술수와 조직으로
국경은 푸른 산을 가로지르고
물살 센 강물도 만 개로 자른다.

그렇다, 국경의 피부는
거칠다.

이제 알겠니,
내가 왜 더 가끼이 다가가

네 몸을 비벼댔는지,
광야의 비바람을 가리고
설레는 입술을 잡고 말았는지.

국경은 메마르다 2

1

도시도 아니고 나라마저 확실치 않은
미확인 보도만 바람에 휘날린다.
국경을 넘을 때는 이름표를 감춘
작은 벌레까지 표정이 굳어진다.

국경 근처에서는 들풀도 엎드려 산다.
흙먼지에 날리는 꽃은 반란의 얼굴들
양심도 가책도 국경선을 지우지 못한다.
나도 더 이상 그대에게 기대지 않겠다.

2

남미에서는 높은 산 눈 더미 속
능선을 따라 국경이 가쁜 숨을 쉬고
희박한 산소가 나라를 가르고 있었다.
알젠틴 탱고가 스며드는 다른 쪽 강가에
가난한 나라 하나 또 국경을 치고 돈을 받았다.

폭포가 끝나는 곳에도 소용돌이 소음의 경계.

뜨거운 중앙아메리카에도 국경은 넘쳐났다.
가는 정글마다 기관단총을 든 군인들이
국경을 짓밟고 서서 불개미들을 죽였다.
세 시간을 헤매면 한 정글이 끝나고
정글이 끝난 곳을 살피면 딴 표정의 풋말.
국경을 지나면 새 국가가 탄생하고
두 시간을 더 가면 그 국가가 죽어버렸다.
돈 몇 푼이면 아래위로 보는 척하다가
아무나 건너가고 땀 닦고 건너오는 줄,
고무줄보다 허술한 것이 늘어져 있었다.

3

세상에서 가장 어렵고 두꺼운 국경은
같은 민족 사이에 버티고 있었다.
왜 하필 여기에 있을까 생각할 여유도 없이
철책을 넘어도 다른 막강의 문이 막아서고

지뢰는 수만 개씩 터질 준비로 들썩거리고
서로 겨눈 총들의 눈동자는 충혈되어 있었다.

그 뒤에 탱크와 오만 가지 무기가 부동자세로 선
아무도 이해할 수 없는 치명적 국경.
국경의 빈 하늘 위에는 새 몇 마리 생각에 잠겨
병신들, 병신들 하며 아무 데나 날아다녔다.
체념의 머리 위에도 곧 국경이 생기겠지.
병신들, 소리가 삭발한 초소 쪽으로 퍼져갔다.

바람 부는 날

새들은 바람 부는 날을 골라
둥지 만들기를 시작한다.
둥지가 바람에 부서지지 말라고
알이나 새끼가 바람에 날아가지 말라고—

바람 센 날에만 부산하게
새들은 둥지의 큰 틀을 만든다.
늘 바람 오는 쪽의 벽을 더 두텁게 하고
큰 가지로 다시 단단히 막고 싸고
가지와 가지 사이를 세밀하게 엮는다.

아이들이 다 자라서 떠나버린
텅 빈 내 집이 천천히 한쪽으로 기운다.
크고 작은 바람을 튼튼히 막아주던 집이
새끼들이 다 떠나자 기울기 시작한다.
무게중심이 달라져서 위험해진 집,
두꺼운 벽 쪽이 지는 해를 따라 쓰러져간다.

은퇴를 하고 눈 오는 겨울이 채 오기도 전에

눈 여겨 보면 아무도 살지 않는 새 집,
나는 떠나지 못하고 날개의 힘만 탓하는데
영리한 새들은 불길 같은 예감을 퍼뜨리고 있다.
폐가가 되어버린 일회용 욕망,
빛바랜 바람만 사는 내 집.

동백을 보내며

1. 봄

봄이 뒤뜰에서 잠자는 동안
붉은 입술만 가지고 와서
처음부터 나를 떨게 하던 꽃.
긴 잠 깨어 찬비 맞는 날
뒤도 돌아보지 않고 노여움에
퍽, 퍽 소리 내며 땅에 지던 꽃.

떠나지 마라.
그림자만 가득한 큰 눈,
왜 이제야 왔느냐고
늦은 원망도 하지 마라.
덧니를 감춘 열띤 방언은
젖은 향만 여기저기 뿌려대면서
목도리도 외투도 벗어던지고
맨몸으로 다가오는
봄의 가슴들.

2. 버클리대학 겹동백

다시 시작했으면 좋겠다.
모두 자기 자리로 되돌아가서
동백은 고창의 선운사 뒷길, 아니면
부산이나 마산 쪽에서 하나씩 시작해
초순경에 내 방을 올려다보는 눈,
버클리대학 겹동백의 붉은 꽃잎이 되거나
대학 교정을 종일 싸도는 노란 꽃술이 되거나.

언제라도 지도 없이도
나는 간단히 네게 갈 수가 있다.
사십 년 이상 닳도록 넘나든 태평양,
그 거리와 폭음과 시차를 다 돌려주고
안팎을 둘러싸고 있는 정갈한 슬픔과
겹동백의 침묵만 싸들고 돌아가겠다.
완전한 것은 이승에는 없다.
동백, 당신이 내 속에 깊이 있어
내가 겨우 연명할 뿐이다. 그뿐이다.

수상시인 자선작

정신과 병동

두 개의 일상

밤 노래 4

섬

보이는 것을 바라는 것은 희망이 아니므로

길

溫柔에 대하여

가을, 상림上林에서

정신과 병동

비 오는 가을 오후에
정신과 병동은 서 있다.

지금은 봄이지요, 봄 다음엔 겨울이 오고 겨울 다음엔 도둑놈이 옵니다. 몇 살이냐고요? 오백두 살입니다. 내 색시는 스물한 명이지요.

고시를 공부하다 지쳐버린
튼튼한 이 청년은 서 있다.
죽어가는 나무가 웃는다.
글쎄, 바그너의 작풍이 문제라니 내가 웃고 말밖에 없죠.
안 그렇습니까?

정신과 병동은 구석마다
원시의 이끼가 자란다.
나르시스의 수면이
비에 젖어 반짝인다.

이제 모두들 돌아왔습니다
추상을 하다, 추상을 하다

추상이 되어버린 미술학도.
온종일 백지만 보면서도
지겹지 않고, ─
가운 입은 피에로는
비 오는 것만 쓸쓸하다.

이제 모두들 깨어났습니다.

두 개의 일상

익숙지 못한 저녁 이후에는
커피잔에 뜬
바흐의 음악을 마신다.

서양에 몇 해 와서야
진미를 감촉하는
요원한 거리.

그만한 거리를 두고
가물에 피부가 뜬
전라도 한끝의 전답이
묵은 신문에서 살아나와
갑자기 내 형제가 된다.

죽으나 사나 형제여,
당신의 그림자는 길고 여위다
그 변치 않는 그림자를

황급히 주머니에 쑤셔넣고
천장이 높은 파티에 참석한다.

밤에는
구겨진 내 그림자를 꺼내어
잊어버린 깃발같이
흔들어본다.

두툼한 부피의 주머니를,
내 그림자의 음악을
요즈음은 불편하도록 실감한다.

밤 노래 4

모여서 사는 것이 어디 갈대들뿐이랴.
바람 부는 언덕에서, 어두운 물가에서
어깨를 비비며 사는 것이 어디 갈대들뿐이랴.
마른 산골에서는 밤마다 늑대들 울어도
쓰러졌다가도 같이 일어나 먼지를 터는 것이
어디 우리나라의 갈대들뿐이랴.

멀리 있으면 당신은 희고 푸르게 보이고
가까이 있으면 슬프게 보인다.
산에서 더 높은 산으로 오르는 몇 개의 구름.
밤에는 단순한 물기가 되어 베개를 적시는 구름.
떠돌던 것은 모두 주눅 들어 비가 되어 내리고
내가 살던 먼 갈대밭에서 비를 맞는 당신,
한밤의 어두움도 내 어리석음 가려주지 않는다.

섬

그해 여름에는 여의도에 홍수가 졌다.
시범아파트도 없고 국회도 없었을 때
나는 지하 3호실에서 문초를 받았다.
군 인사법 94조가 아직도 있는지 모르지만
조서를 쓰던 분은 말이 거세고 손이 컸다.

그해 여름 내내 나는 섬을 생각했다.
수갑을 차고 굴비처럼 한 줄로 묶인 채
아스팔트 녹아나는 영등포 길로 끌려가면서
세상에서 가장 심심한 작은 섬 하나 생각했었다.
그 언덕바지 양지에서 들풀이 되어 살고 싶었다.

곰팡이 냄새 심하던 철창의 감방은 좁고 무더웠다.
보리밥 한 덩어리 받아먹고 배 아파하며
집총한 군인의 시끄러운 취침 점호를 받으면서도
깊은 밤이 되면 감방을 탈출하는 꿈을 꾸었다.
시끄러운 물새도 없고 꽃도 피지 않는 섬.

바다는 물살이 잔잔한 초록색과 은색이었다.
군의관 계급장도 빼앗기고 수염은 꺼칠하게 자라고
자살 방지라고 혁대도 구두끈도 다 빼앗긴 채
곤욕으로 무거운 20대의 몸과 발을 끌면서
나는 그 바다에 누워 눈감고 세월을 보내고 싶었다.

면회 온 친구들이 내 몰골에 놀라서 울고 나갈 때,
동지여, 지지 말고 영웅이 되라고 충고해줄 때,
탈출과 망명의 비밀을 입 안 깊숙이 감추고
나는 기어코 그 섬에 가리라고 결심했었다.
이기고 지는 것이 없는 섬, 영웅이 없는 그 섬.

드디어 석방이 되고 앞뒤 없이 나는 우선 떠났다.
그러나 도착한 곳이 내 섬이 아닌 것을 알았을 때
아버지는 돌아가셨고 나는 부양가족이 있었다.
오래전, 그 여름 내내 매일 보았던 신기한 섬.
나는 아직도 자주 꿈꾼다. 그 조용한 섬의 미소,
어디쯤에서 떠다니고 있을 그 푸근한 섬의 눈물을

보이는 것을 바라는 것은 희망이 아니므로*

경상도 하회마을을 방문하러 강둑을 건너고
강진의 초당에서는 고운 물살을 안주 삼아 한잔한다는
친구의 편지에 몇 해 동안 입맛만 다시다가
보이는 것을 바라는 것은 희망이 아니므로,
향기 진한 이탈리아 들꽃을 눈에서 지우고
해 뜨고 해 지는 광활한 고원의 비밀도 지우고
돌침대에서 일어나 길 떠나는 작은 성인의 발.
보이는 것을 바라는 것은 희망이 아니므로,
피붙이 같은 새들과 이승의 인연을 오래 나누고
성도 이름도 포기해버린 야산을 다독거린 후
신들린 듯 엇싸엇싸 몸의 모든 물을 열어버린다.
머리 위로는 여러 개의 하늘이 모여 손을 잡는다.
보이는 것을 바라는 것은 희망이 아니므로,
보이지 않는 나라의 숨, 들리지 않는 목소리의 말,
먼 곳 어렵게 헤치고 온 아늑한 시간 속을 가면서.

* 신약, 「로마서」 8 : 24.

길

높고 화려했던 등대는 착각이었을까.
가고 싶은 항구는 찬비에 젖어서 지고
아직 믿기지는 않지만
망망한 바다에도 길이 있다는구나.
같이 늙어가는 사람아,
들리냐.

바닷바람은 속살같이 부드럽고
잔 물살들 서로 만나 인사 나눌 때
물안개에 덮인 집이 불을 낮추고
검푸른 바깥이 천천히 밝아왔다.
같이 저녁을 맞는 사람아.
들리냐.

우리들도 처음에는 모두 새로웠다.
그 놀라운 처음의 새로움을 기억하느냐.
끊어질 듯 가늘고 가쁜 숨소리 따라
피 흘리던 만조의 바다가 신선해졌다.

나는 내가 살아 있다는 것을 몰랐다.
저기 누군가 귀를 세우고 듣는다.
멀리까지 마중 나온 바다의 문 열리고
이승을 건너서, 집 없는 추위를 지나서
같은 길 걸어가는 사람아,
들리냐.

溫柔에 대하여

온유에 대하여 이야기하던
그 사람 빈집 안의 작은 불꽃이
오늘은 더욱 맑고 섬세하구나.
겨울 아침에 무거운 사람들 모여서
온유의 강을 조용히 건너가느니
주위의 추운 나무들 눈보라 털어내고
눈부신 강의 숨결을 받아 마신다.

말과 숨결로 나를 방문한 온유여,
언 손을 여기 얹고 이마 내리노니
시끄러운 사람들의 도시를 지나
님이여 누군가 어깨 떨며 운다.
그 겸손하고 작은 물 내게 묻어와
떠돌던 날의 더운 몸을 씻어준다.

하루를 마감하는 내 저녁 속의 노을,
가없는 온유의 강이 큰 힘이라니!
나도 저런 색으로 강해지고 싶었다.
불타는 뜬구름도 하나 외롭지 않구나.

가을, 상림上林에서

경상남도 함양군 긴 숲길의 어디쯤
당나라 시대의 존경과 고관직을 버리고
망해가던 조국에 돌아온 최치원의 구름이
오늘은 잡목 사이에 서서 바람을 잡고 있네.
그 가을 상림의 따뜻한 흙길을 걸으며
구절초 몇 무더기로 피어난 그를 만나느니
비단옷 벗고 귀국한 연유를 아무리 물어도
냇물 소리 나는 쪽으로만 흰 손을 던지네.

오래전 내가 남기고 떠난 숲과 길과 냇물이여.
꽃 한번 피워보기도 전에 가을이 무르익었으니
탕진한 내 씨앗은 어디서 찾을 수 있겠는가.
지나온 시간의 날개들 쉬는 조촐한 곳에서
이제는 떠나고 싶은 도시 더 이상 없지만
떠돌이의 헌 거지가 되어 간곡하게 묻노니
닳아지고 구겨진 내 어깨를 내릴 곳은 어디인가.
상림의 시대를 밟고 도망간 나라는 어디였는가.

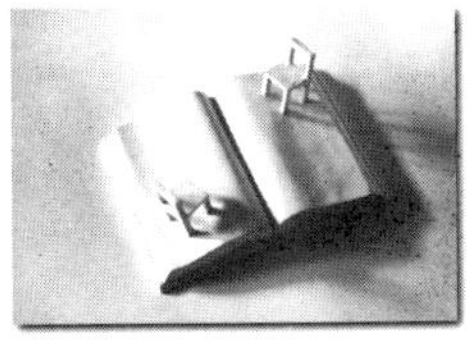

수상 후보작

김행숙

따뜻한 마음 외

1970년 서울 출생.
1999년 《현대문학》으로 등단.
시집 『사춘기』 『이별의 능력』 등.

따뜻한 마음

얼어붙은 마음이 녹으면서
차츰 마음이 보이지 않습니다
더욱 외로워졌어요

끝이 보이지 않습니다
우리는 헤아려지지 않습니다
너의 얼굴에 영원히 머무를 것 같은
미소는

미소가 사라지는 순간은
회오리처럼
마음이 세차게 몰아닥칠까요?

아무 일도 일어나지 않는
마음의 사막에
가득히
빛

수수께끼의 형상으로

우리의 포옹은
빛에 싸여
어둠을 끝까지 끌어당기며
서 있습니다

가로수의 길

플랫폼에서 서서히 떠나는 기차처럼 지나갔지
그래서 너는 참 길구나, 그런 생각을 했지
기차처럼
너는 다음 칸을 가졌구나, 그런 생각을 하며
걸어갔어
그 외에는 가진 게 없다는 듯이
기차에 대해 생각하고
너에 대해 생각하고
길거리에는 얼마나 많은 가수들이 모자를 내려놓고 있을까, 그런 생각을 하면
그들이 가장 크게 입을 벌렸을 때
땅이 조금 흔들렸으면 좋겠다
그래서 똑바로 걸을 수가 없구나, 그렇게 생각하며
가로수와 가로수의 간격은 법으로 정해져 있을까, 발과 발을 모으고 서서
뾰족한 자세로 그런 생각을 해
가로수와 가로수의 사이는 다정한 곳일까
무서운 곳일까
달리는 자동차와 달리는 자동차의 사이에 대해 생각하고

치어죽은 것들과
죽어가는 것들로부터 너는 얼마나 떨어져 있을까, 그런 생각을 하면
경적소리가 되고 싶어
모두 빨리 대피해야 합니다
이 도시를 텅 비웁시다
미래에
유령이 되어 돌아오자, 다신 돌아오지 말자, 사이에서 유령의 감정을 생각해내려 애쓰며
거울을 보다가 유리를 보듯이
너를 높이 높이 떠올리며 걸어갔어
유리창은 어떻게 박살이 났을까
유리에서 맑은 하늘까지
너는 참 길구나, 그렇게 생각이 길어져
맑은 하늘에서 물속에 잠긴 도시까지
화염이 애타게 포옹한 우리들의 도시까지

찢어지는 마음

가장 뜨거운 바닥에 누운 것처럼

더 이상 같은 자세는 불가능해. 가능한 것들을 열거해줘요. 높은음, 높은음, 아름다운 멜로디에 실어.

머릿속에서 떠오르는 음표들처럼. 날아가는 풍선, 풍선처럼.

신발가게에 엎드려 있는 신발들처럼.

어쩜 그렇게 많은 신발들이 필요할지도 모르겠네. 나의 여행은.

발의 크기와 어둠의 크기를 재어볼까. 어둠을 꽝 누르고 서서.

가여운 사람.

손목이나 발목 같은 곳에 눈길이 닿으면 우리의 맘은 왜 약해질까요. 너무 가여워서.

나는 울면서 뚝. 부러뜨리고 말겠지. "왜 그랬어?" "떨어지는, 이어서 떨어지는, 동시에 떨어지는 빗방울들, 죄다 깨졌어요." 그건 당연하잖아.

"당신이 메스를 든 외과의였다면 난 벌써 죽었다구." 상담소에서 고래고래 환불 소동을 벌일 때. 전부 돌려줘요. 무엇을?

마음과 몸이 같이 놀 때. 마음과 몸이 따로 놀 때. 보이는 것과 보이지 않는 것에 대하여.

허공에도 계급이 있나요. 허공에도 여러 가지 자세가 있나요.

야수파. 클래식. 자연주의. 센티멘털. 귀여운 여인. 로코코. 로코코. 점점 가늘어지는 손가락. 울부짖는 여인들. 격조. 격정. 파산. 궁핍한 생활. 전원생활. 졸음.

기타 등등 날아가는 풍선들처럼. 보이지 않는.

허공에서 터지는.

오, 가여운 사람. 오 마이 베이비, 베이비, 당장 달려가겠어요.

연인들

바다가 보인다
바닷가에서
더 좋은 것을 원하지 않는다
마치 어린 시절이 그랬다는 듯이
삐뚤빼뚤삐뚤 동요가 흘러나오던 입술이 꼭 닫히고

가장 고요한 부분이 패인다
눈을 깜박일 때
없어졌다가
같은 바다가 보인다

찬 겨울에 눈썹이 사라지는 이야기는 무서웠지
불면 날아갈 것 같은데
눈썹 같은 건 없어도 되지 않겠니?
안 돼요

우리는 꼭 붙어 앉아서
더 좋은 것을 원하지 않는다
눈을 깜박일 때

없어졌다가
영영 사라질까봐 눈을 못 뜨는 이야기는 슬펐지
헤어져서
우리는 왜 그런 이야기를 지어냈을까
흔들리지 않는
시멘트 벽에 기대어

우주 정거장처럼

허공에서 문득
생각난 듯이 멈춘 새의 날개처럼
모래밭에 발자국 하나 쓰러져 있습니다
한 개의 발자국과 한 개의 발자국 사이
공간은

의문은
우주 정거장처럼

그녀는 희곡작품을 쓰고 있습니다
인물과 인물의 대화 사이에
홀로 늙어가는 여인이 오래 중얼거렸습니다

발자국 하나는
시간을 끝없이 늘려놓습니다
지워진 이야기는
다음번에 나타납니다

낮의 신발에서 벗겨진

밤의 발이 부어오르듯이

네 번째 발자국은
세 번째 발자국을 찾아갈 것입니다
지상에 첫걸음을 뗀 아기는
미래에
홀로 아픈 살이 된다는 이야기를 들었습니다

미래에
그녀는 희곡작품을 쓰고 있습니다
낯선 방문객이 찾아왔습니다
그자의 대사가
밤중에 큰 소리로 울려퍼졌습니다

말굽에서 피어오르는 흙먼지

뒷굽에서 앞굽으로 피어나는 이야기
앞발과 뒷발이 섞일 때
커브에서
트랙을 사라지게 할 수 있을까요
신사국민학교 6학년 8반

또는 3월 31일
내 키는 자라는 걸 그만뒀습니다
센티미터, 밀리미터, 또 다른 눈금들, 이를테면 온도계의
당신이, 연속적인 당신이 키가 큰 사람으로 성장할 때

당신이 저 위에서 머리를 떨어뜨리고 나를 찾을 때
여보세요… 여보세요…
목소리는 뚜 뚜 작아집니다
나는 곰곰 생각했습니다

말을 타고 떠난 자들에 대하여
다음해 꽃이 돌아오는 봄-나무에 대하여
다음해에 죽는 일년-초에 대하여

알맞은 키에 대하여
어깨를 움츠릴 때 목이 없어지고
등을 구부릴 때
사라진 키를……
나는 힘껏 박차를 가하였습니다
새빨개지도록
성난 神처럼
수단과 목적의 무한한 근접

단 하나의 뿔이 되는 시간, 채찍처럼 긴 시간, 현재적인
현재는 흙먼지에 싸여
앞과 뒤가 없지 않겠습니까

진흙인간

주근깨투성이 네 얼굴이 깜깜해진다. 뙤약볕 속에서

마지막 특징이 사라지는 순간에 네가 보였다. 특징이 없는 사람에게 어떻게 아는 체를 할까.

그것은 세상의 모든 사람들이 아는 얼굴이었다. 마음이 아주 복잡해졌다. 너를 본 후

내 마음이 여러 갈래로 갈라졌다.

문태준

물끄러미 외

1970년 경북 김천 출생. 1994년 『문예중앙』으로 등단.
시집 『수런거리는 뒤란』 『맨발』 『가재미』 『그늘의 발달』 등.
〈소월시문학상〉 〈미당문학상〉 〈노작문학상〉 〈유심작품상〉 〈동서문학상〉 수상.

물끄러미

한낮에 덩굴을 물끄러미 바라보았다
입이 뾰족한 들쥐가 마른 덩굴 아래를 지나가는 것을 보았다
갈잎들은 지는 일로 하루를 살았다
오늘은 일기日記에 기록할 것이 없었다
헐거워지는 일로 하루를 살았다
나는 식은 재를 손바닥 가득 들어 올려보았다

추운 옆 생각

족제비가 뒤를 돌아가는 소리도 들릴 만하게 조용하고 무섭고
세상의 모든 검은 열매를 모아 즙을 내놓은 듯 캄캄하고
누군가 마당에 문득 들어선 듯 굵은 눈이 막 듣고
너는 누이의 몸에서 이불을 끌어내려 너의 곯은 배를 덮고
너의 아버지는 꺼져가는 새벽 아궁이에 긁은 산솔잎을 지피고
너의 아버지는 소의 등에 덕석을 올리고 낯에 기운 털옷을 입히고

옆이라도 이런 옆은 없었으면 싶게 옆이 어는 날에는

곯은 너의 배와
너의 아버지와
막막하게 추운 하늘을 소의 눈알처럼 끔벅끔벅 올려보던 굵은 눈

엎드린 개처럼

배를 깔고 턱을 땅에 대고 한껏 졸고 있는 한 마리 개처럼
이 세계의 정오를 지나가요
나의 꿈은 근심 없이 햇빛의 바닥을 기어가요
목에 쇠사슬이 묶인 줄을 잊고
쇠사슬도 느슨하게 정오를 지나가요
원하는 것은 없어요
백일홍이 핀 것을 내 눈 속에서 보아요
눈은 반쯤 감아요, 벌레처럼
나는 정오의 세계를 엎드린 개처럼 지나가요
이 세계의 바닥이 식기 전에
나의 꿈이 싸늘히 식기 전에

혼동

가을밤에 뒷마당에 서 있는데
풀벌레가 울었다
바람이 일고
시누대 댓잎들이 바람에 쓸렸다
앞서거니 뒤서거니
풀벌레 소리
댓잎 소리
또 한번은
겹쳐
서로 겹쳐서
그러나 댓잎 소리가 풀벌레 소리를 쓸어내거나
그러나 풀벌레 소리가 댓잎 소리 위에 앉거나
그러지는 않았다
혼동이라는
그 말에
큰 오해가 있음을 알았다
혼동이라는
그 말로
나를 너무 내세웠다

늦가을을 살아도 늦가을을

늦가을을 살아도 늦가을을 몰랐지
늦가을을 제일로
숨겨놓은 곳은
늦가을 빈 원두막
살아도 살아갈 곳은
늦가을 빈 원두막
과일을 다 가져가고
비로소 그다음
잎사귀 지는 것의 끝을
혼자서
다 바라보는
저곳이
영리가 사는 곳
살아도 못 살아본 곳은
늦가을 빈 원두막
늦가을을 살아도 늦가을을 못 살았지

종다리

저 반짝이는 울음의 의상衣裳을 보아라

그이는 내 슬픔의 볼을 씻겨준다
그이의 눈물로
긴 비 같은 눈물로

체취가 몸을 돌듯
나는 내 근심에서 돌 뿐
나는 나조차 씻겨줄 수 없으나

나와 다르지 않다면
막 울다 그친 너는
오늘의 하늘을 우러러 보아라

저 반짝이는 울음의 의상衣裳을 보아라

일가一家

귀뚜라미 한 마리가 내 방에 찾아왔네.
사실은 내가 귀뚜라미를 불러들였지.
과일이 썩으면서 벌레를 불러들이듯이.
귀뚜라미 울음소리는 어제보다 훨씬 커졌지.
내 이〔齒〕가 다 시릴 정도였으니.
새벽녘 한참을 울 적엔
서로에게
마치 엉성하게 쌓인 돌담이라도 되어
너도 나도
더는 갈 곳 없어
더는 갈 곳 없이
서로에게
받힌 돌처럼 앉아서.

박형준

당신의 팔 외

1966년 전북 정읍 출생. 1991년 《한국일보》로 등단.
시집 『나는 이제 소멸에 대해서 이야기하련다』 『빵냄새를 풍기는 거울』
『물속까지 잎사귀가 피어 있다』 『춤』 등.

당신의 팔

당신의 팔 속에서
강물 흐르는 소리가 난다

사람이 사랑을
사랑이 사람을
못 믿고
사랑을 사람이 두고
못 믿고

강물 속에 고기가
고기 속에 고기가
흐린 불빛 떠다니는
정육점 같은 팔 속에
나는 있고
고기 같은 강물 속에
당신은 있다

물살이 저녁 강 연안지대에 부서진다
저녁 강물의 테이블엔

식빵가루 점점이 흩어져 있다
어디선가 날려온 은빛 깃털이
물살에 떠밀려간다
울음 한번 짧게 울곤,
다른 데로 날아가는 두루미 부리같이

나는 당신의 팔 속
강물에 떠다니는
부스러기를 찍어 먹고
살 속의 창에
가슴속에 두고 아껴온
입맞춤을 하고 나는 언제나
당신의 팔에서 타인을 사랑한다
언제나 당신의 팔 속에서 죽는다

초승달

누가 저렇게 밝은 횃대를
공중에 걸어놓았나
휘감으려다 놓쳐버린 발톱의 울음,
휜 달을 가까이 끌어당기는
목소리의 계절이 지고 있다
홀로 뒤처진 철새가 밤바다를 스친다
수만의 물결로 걸어둔 멜로디
저 너머 허공의 내부를 울린다
바다는 저만큼 물러나
상복 속에 입을 묻는다
꽝꽝한 울음으로 달을 휘어감으며
새는 횃대 너머를 본다
지상의 음역과는 다른
뒤처진 발톱이 움켜쥔 그 멜로디
별의 입술을 핥으며
계절은 거품 속으로 사라진다

벽지

눈보라가 방문을 열어제친 후
고아처럼 뜯겨진 벽지 아래 몸을 웅크린다
산등성이에서 눈을 만나
초가집 몇 채 가는 연기를 따라
들어온 빈집이다, 방금 전까지
창호지 문으로 내리는 밤눈을 보며
내외가 가만가만 이야기를 나눈 듯하다
흔들리는 벽지 아래 자리 잡고 있으니
온기가 묻어 있는 따뜻한 침구 같다
내외의 숨결이 숨 쉬는
뜯겨진 벽지의 이음새를 세어보니
모두 여덟 겹이다
자식들이 태어날 때마다
새로 도배를 하며 내외는
풀비 지나간 흔적마다
꽃을 활짝 피웠으리라
길 잃은 등산객의 언 손과 발을 녹이며
집은 눈보라 속에서 마지막 숨을 쉬고 있다

개밥바라기

노인은 먹은 것이 없다고 혼잣말을 하다
고개만 돌린 채 창문을 바라본다.
개밥바라기, 오래전에 빠져버린 어금니처럼 반짝인다.
노인은 시골집에 혼자 버려두고 온 개를 생각한다.
툇마루 밑의 흙을 파내다
배고픔 뉘일 구덩이에 몸을 웅크린 채
앞다리를 모으고 있을 개. 저녁밥 때가 되어도 집은 조용하다
매일 누워 운신을 못하는 노인의 침대는
가운데가 푹 꺼져 있다.
초저녁 창문에 먼 데 낑낑대는 소리,
노인은 툇마루 속 구덩이에서 귀를 쫑긋대며
자신의 발자국 소리를 기다리는
배고픈 개의 밥바라기 별을 올려다본다.
까실한 개의 혓바닥이 금이 간 허리에 느껴진다.
깨진 토기 같은 피부
초저녁 맑은 허기가 핥고 지나간다.

밤 시장

텅 빈 시장을 밝히는 불빛들 속에서
한 여자가 물건을 사들고 집으로 간다.
집에 불빛이 켜 있지 않다면
삶은 얼마나 쓸쓸할 것인가.
밤 시장,
얼마나 뜨거운 단어인가!

빈 의자들은 불빛을 받으며
누군가를 기다리고 있다.
밤은 깊어가는데 아무도 오지 않고
빈 의자들은 깜빡거리며 꿈을 꾼다.
밤 시장을 걷다보면
집에서 누군가 기다리고 있다는
가장 쓸쓸한, 뜨거운 빈 의자들과 만난다.

텅 빈 상점 안을 혼자 밝히고 있는
백열전구 속 필라멘트처럼
집을 향해 오는 이를 위해
불꽃이고 싶다.

삭힐 수만 있다면 인생의 식탁을
풀처럼 연한
그런 불꽃으로 차리고 싶다.

미역 건지는 노파

파도에 떠밀려온 노을을
노파는 바지랑대로 건져낸다
불꽃들이 수평선 너머에서 건너온다
해안을 이리저리 날아다니던 나비떼가
물결치는 자운영 꽃밭
물길 가득 피어 있는 꽃잎에 내려앉았다가
소용돌이 속으로 빠져든다
지는 놀에 허리가 더 굽어진
노파는 바지랑대로 연신 봄바다를 휘저으며
제의의 희생물을 건진다
자운영 꽃밭 너머
바다로 나가서 돌아오지 않는 사람,
노인의 저녁 식탁엔 죽은 나비들이 놓여 있다

어린 시절

저녁을 굶고 지붕에 내리는 빗소리를 듣는다
삼십 촉 전등에 뜰 앞 나무의 풋대추가 비치는데
오는 사람은 없고 오는 비만 있는 저문집
아궁이에서 저 홀로 타는 장작 소리
설핏 잠이 든 사이 후두둑
초롱초롱한 풋대추 한 대접 지붕에 구르는데
밤비에 글썽이며 빛을 내는 옹기들처럼

조용미

층층나무의 계단 외

1962년 경북 보령 출생. 1990년 《한길문학》으로 등단.
시집 『불안은 영혼을 잠식한다』 『일만 마리 물고기가 山을 날아오르다』
『삼베옷을 입은 자화상』 『나의 별서에 핀 앵두나무는』 등.
〈김달진문학상〉 수상.

층층나무의 계단
—동호정

계곡의 층층나무는 초록 음계의 높고 낮은 한 계단의 어디쯤에서 저 혼자 꽃을 층층 피우고 있다
초록에 빨려들어 나른한 흰 꽃들은 연둣빛 층계의 밝은 부분,

층층나무가 만들어낸 계단 맞은편 동호정에 물빛 바람이 불면
이층 누각의 화려 장엄한 단청은 어떤 미묘함을 말하려 하는가

저 녹색 물빛은 단청에서 흘러나온 것인지 계자난간 안의 알 수 없는 일렁임은
우물천장의 연꽃과 학과 물고기를 물고 있는 용과 화반에서 비롯된 것일까

연둣빛 바람이 모여 있는 추녀의 아슬아슬한 네 귀를 활주가 받치고 있다
누각의 날개를 붙잡고 있다

흰 너럭바위에 새겨진 영가대 금적암 차일암은 옛사람들 노래 부르고 악기를 연주하던 곳
달빛 아래 담녹색 근심과 숨결이 오래 어룽대던 곳

연둣빛 칸칸 계단을 지나 가물거리는 눈빛 애써 거두고 층층나무의 초록을 뒤로하면

나의 시선에서 벗어난 동호정은 막 날개를 펼치고 누각 울퉁불퉁한 기둥들까지 들어올려 물빛 달빛과 함께 맘껏 노닌다

가을밤

마늘과 꿀을 유리병 속에 넣어 가두어두었다 두 해가 지나도록 깜박 잊었다 한 숟가락 뜨니 마늘도 꿀도 아니다 마늘이고 꿀이다

당신도 저렇게 오래 내 속에 갇혀 있었으니 형과 질이 변했겠다

마늘에 緣하고 꿀에 연하고 시간에 연하고 동그란 유리병에 둘러싸여 마늘꿀절임이 된 것처럼

내 속의 당신은 참당신이 아닐 것이다 변해버린 맛이 묘하다

또 한 숟가락 나의 손과 발을 따뜻하게 해줄 마늘꿀절임 같은 당신을,

가을밤은 맑고 깊어서 방 안에 연못 물 얇아지는 소리가 다 들어앉는다

물소리에 관한 소고

물소리가 높다 낮다 밝다 어둑하다 짙다 옅다 깊다 얕다 두껍다 얇다 거칠하다 부드럽다 촘촘하다 드문드문하다 고요하다 요란하다 쟁쟁하다 아늑하다……
고요하다와 쟁쟁하다가 가장 마음에 든다

일정한 리듬이 변주되고 되풀이되는 물소리의 화음은 보아서도 들리고 들어서도 보이겠지만
저 음표들을 속속들이 손바닥에 다 옮겨놓을 수는 없다

내 몸속 세포의 흐름이 저 물소리의 우주적 운율과 다르지 않아 또 몸에 귀 기울여야겠구나
이젠 몸을 떠나서 무엇을 할 수 있고 무엇을 알 수 있겠나 묻지 않는다

물소리가 최대치로 밝아올 때 내 귀가 틔었다
소리에도 빛과 어둠이 있다는 걸, 그늘이 있다는 걸 알게 되었을 때 빛과 어둠이 교차하는 지점에서

물소리는 몸의 실핏줄을 통과해 다른 음색과 리듬으로 미묘하게 바뀐다
내 게으른 궁리가 마침내 저 물소리의 음영화법을 파악하게 되었을 때

사이프러스

나무는 풍경을 길들인다 — 장 그르니에

사이프러스는 마치 이집트의 오벨리스크처럼 균형 잡힌 아름다운 나무라고 고흐가 말했을 때 그는 저 나무를 빛과 색채로 감각함과 동시에 균형으로 파악했던 걸까 가지가 위로만 향하는 타오르는 촛불 같은 저 나무는 넓이 대신 깊이를 존재 방식으로 선택했다

사이프러스는 언제나 검은 초록으로 불타고 있다

사이프러스가 양옆으로 도열하듯 서 있는 어느 먼 곳의 한적한 정류장에서 내 영혼은 나무들에 완전히 압도당하여 그 기이한 풍경 속으로 선뜻 들어서지 못하고 한참을 머뭇거리다 사막으로 접어드는 늙은 낙타처럼 걸어 들어갔다

바람의 어느 세찬 손이 나무를 저렇게 높이 휘감아 올렸나

흩뿌려놓은 진홍색 물감처럼 펼쳐져 있는 들판의 개양귀비와 첨탑처럼 하늘로 치솟아 오르는 어두운 초록빛 사이프러스 사이에서 나의 번민은 깊어갔다

막 불이 붙기 시작한 듯한 밀밭과 초저녁의 소용돌이치는 하늘은 모두 저 사이프러스로 인한 것

사이프러스가 있는 풍경에는 지독한 아름다움에 대한 번민이 슬픔처럼 가만히 숨어 있다 사이프러스가 층층이 쌓아올린 검은 초록의 탑은 오벨리스크보다 더 높다

양귀비를 기르다

저것의 익지 않은 열매에 상처를 내어 받은 즙액을 건조한 것이 아편이라오 씨에 마약 성분이 들어 있다는 소리는 당치 않소 저것이라고 다 아편이 될 수 있는 건 아니라오

혹 물양귀비를 본 적 있소 한여름 연못에서 노란 꽃에 검붉은 빛을 띠고 있는 꽃술이 양귀비에 육박할 만큼 고혹적이라오 높은 산중턱에서 하늘과 구름을 이고 자라는 두메양귀비는 더 말하여 무엇 하겠소 그뿐 아니오 항우의 애첩 우미인의 무덤에서 핀 꽃이어서 우미인초라 하는 개양귀비도 있다오

한 번 눈앞을 지나고 나면 못내 그리워 살이 아파오는, 당신 같은 독이 많은 꽃이 저기 있소 푸른 산수국 같은 인연을 꿈꾸었지만 내 이렇게 당신을 잊기 위해 들판 가득 저것들을 키우고 있다오 이곳을 찾을 수는 없을 거요 그럼 내내 평안하시오

소리의 거처

비 오는 숲의 모든 소리는 물소리다

숲의 벚나무 가지들이 검게 변한다 숲 속의 모든 빛은 벚나무 껍질 안으로 빨려 들어간다

흑탄처럼 검어진 우람한 벚나무를 바라보고 있으면 숲에서 사라진 모든 소리의 중심에는 그 검은빛이 은밀히 관여하고 있음을 알게 된다

마른 연못에 물이 들어차고 연못에 벚나무와 느티나무의 검은 가지와 잎과 흐린 하늘 몇 쪽과 빗방울들이 만드는 둥근 징소리의 무늬들 가득하다

계류의 물소리는 숲을 내려가는 돌다리 위에서 어느 순간 가장 밝아지다가 뚝 떨어지며 이내 캄캄해진다

현통사 霽月堂의 月자가 옆으로, 누워 있다 계곡 물소리에 쓸린 것인지 물 흐르는 방향으로 올려 붙은 달, 물에 비친 달도 현통사 옆에선 떠내려갈 듯하다

비 오는 날 숲의 모든 소리는, 물소리 뒤에 숨는다

북

둥둥, 소리는 모두 어디로 갔을까

호랑이 네 마리가 사방을 향해 엎드려 있는 받침대 위에 세워둔, 서 있는 북 건고는 한 마리 백로를 이고 고요하다

저 소리 울리면 동시에 둥둥, 단풍은 남하하고 꽃들은 북상할 것만 같은데

울리지 않는 북이 내는 소리는 나의 시선 속에서만 한껏 더 커지는 것인지

수백 년 소리를 내지 않겠다 결의를 한 듯 둥둥, 북은

연꽃의 심장을 푸르게 피워올리고 백로의 날개를 활짝 펼쳐놓고 오래 심심하다

울리지 않을 때 가장 큰 소리를 내는 것이 내 마음 같은 저 악기이다

진은영

아케이드 외

1970년 대전 출생. 2000년 《문학과사회》로 등단.
시집 『일곱 개의 단어로 된 사전』 『우리는 매일매일』 등.

아케이드

유리의 거미줄
나와 네게서 달아나 맞잡은 손바닥이 하늘하늘
날아갔다

내 혀는 도착한다
오늘에
청량고추의 플랫폼에
"괜찮아, 문제없어!" 하는 나를
양치질 후 흰 거품처럼 뱉어버리고

토성의 자줏빛 흔들리는 하늘가에서
출발한 두 다리가
첫 봄날을 지나, 무질서한 이야기를 지나
수요일의 분주한 상점과
여름 과일의 시들어가는 나날을 지나서 간다

공상 근처 새까만 비둘기들
낡은 가을 하늘의 접시 위를 탄
파이처럼 굴러다닌다

나는 걸어가며
아직 네 얼굴에 빗방울이 바늘처럼 쏟아지는 이유
시장 좌판에 파란 플라스틱 바구니가 놓여 있는 이유
노란 사과들, 오렌지들, 오이, 체리가 싱싱하고
몇 개의 썩어가는 달이 담겨 있는 이유를
생각하고
네가 따스한 목욕을 좋아하는 이유
모든 더러운 영상을 나르는 샛푸른 혈관들의
방사형 거미줄에서
하나의 힘이 태어나는 이유를 생각한다

변두리에 흰 달 떠오르는 시간에
너의 겨드랑이
팔 손목 곡선의 부드러움

전나무들의 날카로운 꼭대기를 껴안는
매끄러운 검은 살의 하늘
먼지 낀 유리 사이로 내려와
성탄 무렵 쇼윈도의 별을 향해 뻗어간다

둥근 천장에서 흘러내리는 비의 머리카락이
내 발등을 어루만지면
너를 만나게 된 이유와 만나게 되겠지

추운 12시에
강철 셔터에 낀 녹 맛이 빛나는 12월에

빌누브의 피에타

그녀는 울지 않았다
눈물방울들은 응축되었다 아주 작아져
그녀의 늙고 메마른 유방조직을 뚫고서 스몄다

늑골 아래 그것들은 다시 맺혔다
병 속에 담긴
검은 올리브들처럼

그가 허기진 마른 입술로
그녀의 가슴을 열어
올리브 한 알을 깨물었을 때
아버지의 확신에 찬 나라는 사라졌다
감람산의 향기롭게 떨리는 밤이 영원히 시작되었다

어느 정오의 앨리스

손톱의 멍으로 된 지붕들
광장 모서리를 더듬으며
손가락이 다섯 개의 길처럼 늘어난다
빨간 고양이 가시덩쿨이 유리 전화부스를 타고 오른다
귓속으로 몰려든 해파리들의 트럼펫

장미 모래 장미
돌멩이 노래 돌멩이

식탁 위에서
검은 실크햇을 쓴 토끼 한 마리가 노래 부른다

나 열여섯엔 더 크기 싫었고
나 서른여섯엔 더 작아지기 싫었네

장미 모래 장미
돌멩이 노래 돌멩이

거리는

모래와 회색 비둘기들 찰랑거리는 찻잔
다섯 개의 손가락을 힘껏 오므린 손이
한 방울로 떨어진다

파리에서의 한 달

모든 것이 다 있다
상아로 된 손 모양의 작은 판
낡은 이집트 술병, 고기 낚는 낚시줄과 음을 낚는 악기들이
한데 모인 잘 닦인 유리상자
주인이 사라진 정방형무늬의 관들, 보리와 재의 복도

박물관을 나오면 카페들
왕이나 극작가의 흰 수염을 기념하는 분수
영원한 봉헌물과
그것을 뜯어먹는 도둑고양이 같은 눈빛들을
나는 보았다

그리고 다음 주엔
고요한 공원과 시인들의 산책로

공원을 산책하지 않았던 시인
그는 한밤중 깊은 숲길을 걷다가
요정의 여왕을 따라 영원히 가버렸다
나는 그가 사라진 고목나무 구멍 속에

팔을 넣었다

공원을 산책했던 시인
그는 도시의 불빛과 소음을 피해
멀리 달아나도
긴 영혼의 절반은 굴뚝과 첨탑에 묶어놓은
공원의 산책자, 이 서글픈 녹색 의자들

일주일
또다시 일주일이 흐르면
붉은 나사들이 돌아가고
따듯한 겨드랑이에 방금 산 책을 끼고
자기도취적인 얼굴로 걸어가는 소년들이 보인다
럼주 섞인 크레올레 아이스크림을 녹이는 햇빛과
혀 위의 변함없이
달고 어두운 맛

지난달 달력과 고지서 가득 쌓인 우편함을
나는 보았다

어디에선가 이 도시로 돌아오길 싫어하는 여행자
매일 저녁 같은 자리에 수위처럼 서서
그를 기다리는 아주 커다란 철탑을

토끼를 조심하라구?

너무 작고 하야니까
하얀 털들이 어떤 부드러운 세월처럼 흔들리니까
어린 토끼들의 눈알이 유리눈송이처럼 쌓이니까
따듯하게 젖은 코에 발가락을 가져가고 싶으니까
아 너무 많은 귀들, 귀들의 흰 채찍이 모였으니까
그 긴 것에 내 목이 감길지 모르니까

눈토끼들이 혀 위에 녹아 흐 르 다

단식하는 광대

얼마나 더
여윈 가지 위에 올라야
집요하게 흔들릴까

얼마나 더
높은 가지 위에 올라야
집요하게 괴로울까

빽빽하게 들어선 침엽수림 위로

어둠이
거대한 초콜릿바처럼
솟아올랐다

뱀 이야기

찢어진 붉은 이마에 긴 천을 감아주던
부드러운 노래의 손길은 사라졌다
따라 부를 수 있지만 먼저 부를 수 없는 소절들이
썩은 앵두 냄새로
가시 울타리 근처에 오래 흔들린다

네가 두고 간 남빛 유리병을
희고 부드러운 목으로
바닥에서 주둥이까지 휘감아 오르며
부수는 시간

아주 큰 죄를 짓고 싶다
기억이 물의 트럼펫을 마른 귓속으로 불어댄다

쉰 곡식 냄새가 풍기는
입술 속에서의 기다림

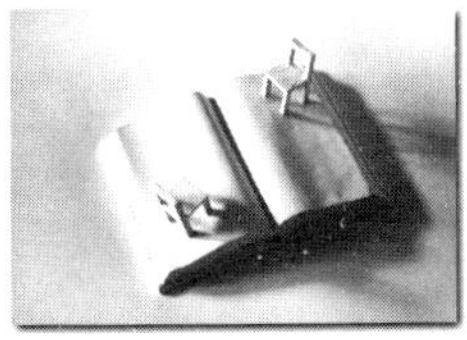

역대 수상시인 근작시

보석의 꿈 1 외

정 현 종

고양이 외

문 정 희

허균 외

장 석 남

정현종

보석의 꿈 1 외

1939년 서울 출생. 1965년 《현대문학》으로 등단.
시집 『사물의 꿈』 『사랑할 시간이 많지 않다』 『세상의 나무들』
『갈증이며 샘물인』 『견딜 수 없네』 『광휘의 속삭임』 등.
〈이산문학상〉〈현대문학상〉〈대산문학상〉〈미당문학상〉 등 수상.

보석의 꿈 1

1

보석의 전시회에 갔지.
어두운 방들
진열장 속
집중 조사照射 아래
보석 장신구
보석 휴대품들이 놓여 있었어.
다이아몬드, 사파이어, 루비, 진주, 에메랄드,
오닉스, 오팔, 문스톤, 가넷, 토파즈,
금, 은, 백금, 수정, 칠보, 라피스라줄리……
원석이었다면
어두운 방들은 더욱
땅속이었겠지.
나는 토행손土行孫* 처럼
보석들이 반짝반짝
또 다른 하늘을 만들어놓고 있는
땅속을 걸어다녔겠지.
하여간 나는 빛이 열어놓고 색이
장엄한 무한 속을

헤매었지, 겨우 숨을 쉬며.

2

내 숨결이 거칠어지기도 했어.
그 장신구들로 치장했을 여자들의
유령 때문에,
그 가슴과 팔과 목과 허리의
살결 때문에,
어두운 방에 가득한
오, 그림자의 향기 때문에,
불쑥 나타나
속삭이며
터질 듯이 어둠을 부풀리는
그림자—
그 부재不在의 더없는 강력함 때문에.

3

전시관을 나왔을 때
기적이 일어났어—
모든 게 보석으로 보였어!
마시고 버린 깡통
플라스틱 병, 종이컵……
나는 놀랐고
미소가 지나가는 듯하였는데—
눈동자가 보석으로 바뀐 것이었어!

* 토행손: 중국의 신마소설 『봉신연의(封神演義)』에 나온다는 호걸로서, 토둔(土遁)이 하는 신기(神技)를 갖고 있어 땅속에서 아주 빠른 속도로 잠행할 수 있다.

보석의 꿈 2

—왕쇠똥구리(펜던트)

합금 테두리 속에
장석長石과 청금석青金石 몸,
역시 장석, 청금석과 홍옥수紅玉髓 날개,
스카라베라고도 하는 이 왕쇠똥구리는
쇠똥 속에 알을 낳는데
그건 필경 시드 펄Seed Pearl—작은 진주알,
진주알이 들어 있는 그 쇠똥을
굴리고 굴려 왕쇠똥구리는
태양의 길을 놓는다—
굴리고 굴려
아침이 오고 저녁이 저무느니.
하늘을 건너가는 태양의 길과
진주-알 들어 있는 쇠똥을 굴리는
왕쇠똥구리의 길은
똑같이 찬란해,
태양-쇠똥-진주-왕쇠똥구리의
불멸의 목걸이를
우리의 지구는 목에 걸고 있으니
쇠똥 속에 홍옥수 붉은 태양이

항상 반쯤 떠오르고 있네, 항상!

보석의 꿈 3

—잠자리(머리 장식)

날개에는 당연히
수많은 다이아몬드다—
먼 옛날
금강석에 잠자리 날개가
스며들었으므로.
바람과 물
햇빛과 나무 그늘 함께
스며들었으므로.
보석들은 그리하여
지구의 날개가 되었다.

머리에 꽂으면
머리가 바로 보석-천체!
황금 더듬이는
은하를 감촉하는 것이겠으나,
무엇보다도 금강석 날개여
그 망상網狀 시맥翅脈에
우리의 길을 이을 수 있었으면……

보석의 꿈 4
—꿀벌(브로치)

날개는 여러 다이아몬드
눈은 낡은 루비
가슴은 한 덩어리 금강석
배는 진주……

다이아몬드는
지구의 날개,
날개는 또한 빛이니
제일 귀한 보석의
공명共鳴……

또
한 덩어리 금강석으로 된
가슴은
어디 있는가.

이끼를 연주하다

이끼를 다섯 손가락으로 만진다.
이건 만지는 게 아니다.
연주하는 것이다
이끼를 연주한다.
따뜻하여, 이건 지심地心 올라오는 것이거나
태양의 전기장판,
보드라워, 자연 자신의 뺨을
파랗게 공기에 대고 있으니,
그 따뜻함과 보드라움에 숨넘어가 내
다섯 손가락은 이끼를 연주한다.
(옆에서는 새들의 반주와
상수리나무 껍질의 추임새.
바람은 산수유꽃을 지나면서 그
향기에 고만 어지러워
천지를 관능으로 휘젓고 있거니와)

문정희

고양이 외

1947년 전남 보성 출생. 1969년 《월간문학》으로 등단.
시집 『찔레』 『남자를 위하여』 『오라, 거짓 사랑아』
『양귀비꽃 머리에 꽂고』 『나는 문이다』 등.
〈현대문학상〉 〈소월시문학상〉 〈정지용문학상〉 등 수상.

고양이

나는 무슨 종種의 고양이인가
가령 사람이 울 때보다
나의 울음은 이리도 슬프고 무서워

검은 동공 속에
뜻 모르게 반짝이는 강물을 숨기고
허공에다 내지르는 불길한 비명
나의 시여

나는 어디서 온 어두움인가
외로운 발톱으로
바람 속에 상처를 내며
위험한 적들로 가득한 이역을
노회한 부드러움으로
어슬렁거리는

나는 지상의 생명이 아니라
지상의 그림자인지도 몰라

방랑과 비애의 털이 수북이 달린

나는 붓다가 버리고 간
날카로운 관능인지도 몰라

떠돌이 풀

집시처럼 떠돌며 살아가는 풀을 보았다
온몸을 축구공처럼 둥글게 말아가지고
땅 위를 굴러다니다가
일 년에 한두 번 사막에 비가 오면
그 자리에 얼른 뿌리를 내려
생명을 퍼뜨리는
덤블링플랜트*

폭양을 쪼아 먹고 사는 새처럼
황금빛 뼈와 날카로운 가시만 남은
가벼운 빈집

오직 부재로 가득한 바람 속을
부서질 듯 부서질 듯
굴르고 굴러
사뭇 경건한 힘 하나를 이어가고 있었다

그는 식물의 자서전이 아니라
떠돌이 고행자의 경전을 쓰고 있었다

산다는 것은 무엇인가
혼신을 다해 떠도는 검불의
황홀한 생애
나 사막에 가서 두 눈으로 보고 말았다

* 덤블링플랜트 : 사막을 덤블링하듯 굴러다니는 식물.

흰나비

줄타기에서 모처럼 땅으로 내려온 소녀를
북한강가 누구네 집 여름 별장에서 만났다
엘비라 마디간! 그녀의 이름이 흰나비처럼
포도주 속으로 파고들었다

속도가 전공인 카레이서가
그녀의 날개를 잡았다
액셀을 힘껏 밟고 달려가 신호도 무시한 채
그녀를 집게손가락으로 쥐더니
얇은 치마를 건드리며
호탕하게 웃었다

그때 일제히 울어대던 북한강가 소쩍새들
"길을 비켜라!
하늘이 타이르는 소리 들어보아라!"
미당의 어조도 합쳐서
북한강가 소쩍새들이 울어대고
앞산 뒷산 검은 그림자들도
카레이서를 에워싸니
그는 슬며시 집게손가락을 폈다

솔콩솔콩 깊어가는 여름 별장
다시 포도주 잔 부딪치는 소리 들려올 때
엘비라 마디간! 줄타기 소녀는
구겨진 흰 치마를 절뚝이며 절뚝이며
북한강 허공 속으로 사라져갔다

* 엘비라 마디간 : 막다른 사랑에 쫓기는 동명의 영화 주인공 이름.
모차르트 피아노 협주곡 21번이 배경 음악이다.

새 옷 입는 법

새로 핀 꽃에서 어머니를 만나네
나에게는 아직 어린아이가 많다네
꽃들이 옷 입는 법을 가르쳐주면
새 옷 입고 사운사운 시를 쓰겠네
이 도시가 악어들의 이빨로 가득해도
오늘은 이만하면 살 만하다네
우리는 모두 고향을 버리고 온 새
그래도 혼자가 아니라네
아침이 또 찾아왔잖아
새 길이 내 앞에 누워 있잖아
고통과 쓸쓸함이 따라다니지만
부드러운 비가 어깨를 감싸주는 날도 있지
새로 또 꽃은 피어
눈부시게 옷 입는 법을 가르쳐주고
새들은 그의 혀로 시 짓는 법을 들려주네
나무들은 몸으로 춤을 보여주네
아무래도 나는 사랑을 앓고 있는 것 같네
악어들이 검은 입을 벌린 이 도시
왜 자꾸 새 옷을 차려입고 싶은지
왜 자꾸 사운사운 시를 쓰고 싶은지

모엘

작은 새처럼 파득이는 항구
음유시인의 비망록처럼
뿌우연 해안선을 따라가면
거기, T자 한 글자쯤이 꺼져버려
깃털같이 가벼워진 숙소
모엘(MO EL)이 있으리

모엘!
흰 파도를 솜이불처럼 내려놓고
충혈된 눈으로 사그라져가는 내 가슴의 폐항
아직 모텔이 아니어서 좋은 곳
무언가 하나를 빼버리면
이리도 부드러운 생의 하룻밤이 떠돌고 있는지

모스부호처럼 은밀히 깜박이는 신비한 추상어
그 곁에서 밤새 하모니카를 부는
겨울바다
적설을 쓰다듬는 나의 하룻밤이
끝내는 울부짖는 고래 소리를 내며
날카로운 불면으로 몸을 뒤집을 때

모엘은 절벽사원처럼
바다의 성긴 눈발을
빈 가슴에 고스란히 받아들이리
모엘!모엘!
무슨 성가처럼 따스한 기억을 채우리

사각의 링

그때, 뉴욕 7번 지하철을 타고 가다가
옆자리 백인 남자가 읽고 있는 뉴욕타임스를 곁눈으로 읽다가
순간 날아든 강펀치에 나는 쓰러졌네
사우스코리아 헝그리 복서, 김득구 사망
인간은 고깃덩이가 아니다, 복싱은 스포츠가 아니다
뉴욕타임스는 소리 질렀지만 나는 보았네
내 손에도 네 손에도 끼워져 있는 피 묻은 권투 글러브

링에 올라가 싸우게 해줘
적어도 누가 때리는지는 알 수 있잖아
14세에 무작정 상경, 껌팔이구두닦이빵공장을 거쳐 올라선
사각의 링, 패하면 살아 돌아오지 않겠어
아예 관을 짜가지고 떠났던 스물세 살, 그는
라스베이거스에서 챔피언 맨시니의 주먹에 쓰러졌네
아니야, 그를 쓰러뜨린 건 맨시니의 주먹이 아니었다구
너였다구, 나였다니까
링에서 글러브를 낀 채 맞아 죽은 선수가
현재까지 6백 명이 넘는다고 활자는 말했지
하지만 이 스릴 넘치는 열광적인 게임을 중시할 생각은
누구에게도 없었지

사우스코리아 헝그리 복서의 시신 위에는
대머리 독재자의 훈장이 수여되고
피 묻은 글러브가 날아다니는 사각의 링은
아직도 인간의 세상 어디에든 있지
물론 오늘 여기에도 있지
이것은 권투 이야기가 아니야
지금 당신이 서 있는 사각四角의 링을 보라구
힘이 없는 것은 죽어야 하는 사각死角을 보라구
권투는 적어도 누가 무엇이 때리는지는
알 수나 있잖아

그리고 25년 후, 2008년 사우스코리아 청년
최요삼은 권투 글러브를 낀 채
사각, 사각, 사각의 링에서 또 뇌사당했네

독수리의 시

눈알 속에 불이 담긴 맹금
나는 부리로 허공을 쪼던 독수리였는지도 몰라

나는 칼 잡은 여자!
도마 위에 날것을 얹어놓고 수없는 상처를 내고
자르고 썰고 토막치고 살았지
불로 끓이고 지지고 볶고 살았지

나는 한 달에 한 번 피를 보는 여자!
제 몸을 찢어 아이를 낳아 사람으로 키우지
내가 시인이 된 것은 당연한 일!
다리미가 뜨거워지기를 기다리는 동안 책을 읽고*
찌개가 끓는 동안 글을 썼지
밤이 되면 남자가 아니라
허물 벗은 자신의 맨살을 만지며
김치의 숙성처럼 스스로 익어가는 목소리를 기다렸지

나는 알고 있지
적과 동지를 구별하는 기교가 아니라
내가 나를 키우는 자궁의 시간을

그 무엇도 아닌 자신의 피로 쓰는
천년 독수리의 시 쓰는 법을

* 에이드리언 리치 : 미국의 여성 시인.

장석남

허균 외

1965년 인천 출생. 1987년 《경향신문》으로 등단.
시집 『새떼들에게로의 망명』 『지금은 간신히 아무도 그립지 않을 무렵』
『젖은 눈』 『왼쪽 가슴 아래께에 온 통증』 『미소는, 어디로 가시려는가』 등.
〈김수영문학상〉 〈현대문학상〉 수상.

허균

강릉 초당에 가
허균 선생에게 여쭙느니
寒冷 일월
검게 언 이파리 그대로 매달고 섰는
수국 대궁 곁에 서서
꼭 그와 같은 기침 몇으로 여쭙느니
동해 큰 바다 파도 소리도 같이 하여 여쭙느니
손을 한번 좀 내밀어 주신다면
그걸 한번 잡아보고 싶다고 여쭙나니
寒冷 일월
적적한 저녁 싸라기눈
흙담을 기웃거리며 또
무엇을 여쭙는가?
滅에 대하여
滅에 대하여
궁금한 눈길

水月 스님

수월 스님은
호랑이와도 잘 놀았다고 하는데
그 호랑이가 찾아오면
무슨 말을 해서
잘 달래서 놀았을까
그 건넨 말 중에는
이런 말도
있었을까?
물이 좋지?
달이 좋지?
출가 전 머슴살이 덕으로
짚신도 잘 삼아서
스승 경허에게도 삼아 드리고
저승에도 짚신을 이고 앉아
가셨다 하네
나는 그 호랑이에게 한 말이 내내 궁금해
찾아보려 하네
진급 영 안 되는 시라도 이고 앉아
찾아보려 하네

겨울 시금치 밭

이 시금치들아
이 시금치들아

돌팔매로 들어온 돌이 간혹은 구르고 있어도
끼니는 좀 걸렀어도
이 시금치들아

무슨 새를 기다리나
무슨 새소리를 기다리나
새파랗기를……

寂寞도 소슬함도
달디 단 同級生
개똥도 개발자국도
아껴서 얼려둔

이 웃음 이 웃음
울 것 같은 이 웃음

시금치들아

시금치들아

얼다 녹고 다시 어는
2월 중순 밭머리에
칼칼한 餘情을 이총이총 꾸며놓은
시금치 밭 밭머리에 한참을 섰어라

가마를 기다리는 옛 신부의 심정을
그림자를 포개 나누고 섰어라

작약

빈 방에서 속눈썹 떨어진 걸 하나 줍다

또 그 언저리에선 일회용 콘택트렌즈 마른 걸 줍다

이 눈썹과 눈으로는 무엇을 보았을까

이 눈썹과 눈의 주인을 생각한다

눈물 위에 이걸 띄워서 무엇을 보았을까

작약 싹 올라온다

작약꽃이 피어 세상을 보다가

떨어질 것을 생각한다

작약 겹겹 꽃잎이 바라본 그 속에

이 눈의 주인과 내가

눈 꿈쩍꿈쩍하며 나는 말을

숨겨두리라

돌층계

저무는 돌층계를 위에서 비스듬히 내려다보면
저 아래는 결코 흙마당이건만
철썩이는 붉은 꽃바다가 있는 것만 같아요
멀찍이 이만큼 서서 바라보니 다행이지
무슨 멀미나는 운명들이 생겨나듯
풀잎들 노을을 이고 마당가를 철썩여요

막돌들을 업어다가 안아다가 놓고, 놓고, 놓고
또 두어 뼘을 재서 큰 모판이라도 밀어가듯이 판판히 놓고 하여서
서너 층계를 만들었더니
오르락내리락 종교와도 같은, 믿음과도 같은 리듬이 생겨났습니다
배고픈 김에 묵은 김치 한 보시기나 며느리 몰래 먹고 물 마시고 나앉듯
무끈히 힘 빼며 올린 산돌 하나는 꽃 한번 피고 지니
그대로 그렇게 본토박이 할아버지가 되어 있습니다

이마에 자꾸 주름 잡히어
거울 보며 손가락으로 주름 펴면서도

돌층계 아래로는 여전히
꽃바다가 와서 수군대는 것 같아요

물의 自敍

어느 호젓한 돌 틈서리에서 생겨나서
한동안은 해와도 달과도
또 한동안은 팬 고사리 그림자와도
겸상하고 앉았다가 출출한 낯으로
등허리엔 야윈 빛들을 태우고 남몰래
국경을 넘어가는 노역이여
어미 아비가 간 길을 그리 그렇게
형제와 자매와 손 붙들고
어깨동무로 꾸며가는 노역이여
맑고
맑고
맑은

한겨울 물미역을 씻는 새색시의 손가락 사이에선
그만 냉기도 놓는

수락산 근처

수락산 서편 흰 바위들에 저녁빛 놓인다 무당은 점 보러 들어가고 길은 엉거주춤 무안한 길이다 하이고 저 흘러내리는 비단결은 두루두루 감아두었다가 사랑이라도 묻어두는 데 쓰것다 사랑에 골병든 관절이라도 묻어두는 데 요긴히 쓰것다 서울 북부 점집도 많은 수락산 근처 드물게 지나는 이참에도 내 생각이 무엇인지, 수락산 서편 흰 바위, 귓바퀴도 커다란 꽃이 되어들 점쟁이 눈길로 들여다보네

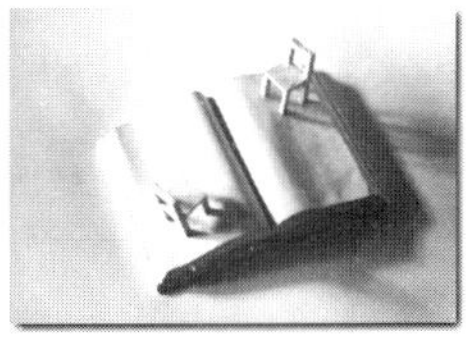

심사평

| 예 심 |

서적 다양성의 확인

이 광 호 · 김 기 택

| 본 심 |

경계인의 촉각

정 현 종

비극적 생의 장엄함과 덧없음의 장엄함

최 승 호

수상 소감

디아스포라 시인으로 살았으면…

마 종 기

시적 다양성의 확인

이광호 · 김기택

현대문학상 심사는 지금의 한국 문학의 지형과 주소를 묻는 작업에 속한다. 두 사람의 심사위원은 지난 일 년 동안 발표된 시 작품의 전체 목록을 확인하고, 그중에서 일정 수준 이상의 발표 분량을 보여준 시인들의 작품 중에서 의미 있는 시적 성취를 보여주었다고 판단되는 목록을 다시 가려내었다. 그 목록을 토대로 하여 두 사람은 토론 끝에 본심에서 집중적인 심사의 대상이 될 만한 시인들과 작품들을 최종적으로 선택했다.

심사의 과정에서 확인할 수 있었던 것은 지금의 한국 시단의 세대적인 지형이 어느 때보다 풍부하다는 사실이다. 2000년대 들어와서 새롭게 문학적 약진을 보여준 젊은 시인 집단을 포함하여 80~90년대에 걸쳐 중요한 문학적 성취를 지속적으로 보여준 시인들, 그리고 한국시의 현대성이 하나의 중요한 매듭을 이룬 4·19세대의 시인에 이르기까지 그 시적 스펙트럼이 얼마나 다양한가를 확인할 수 있었다. 다른 방식으로 말한다면 이는 한국 현대시 속에 다양한 시적 시간대가 동거하고 있음을 보여주는 것이라고 할 수 있다.

두 사람의 심사위원은 현대문학상의 깊은 권위와 정체성을 존중하면서 세대적인 선입견 없이 다양한 세대의 작품들이 본심에서 논의되기를 바랐다. 그래서 젊은 시인들의 시와 중견을 넘어서는 시인들의 시를 동시에 본심에 올리게 되었다. 이렇게 해서 선택된 시인들의 목록은 지난 일 년간 한국시의 다양한 에너지를 집약적으로 보여준다고 할 수 있다. 김행숙, 진은영의 젊고 낯선 언어와 문태준, 조용미, 박형준의 서정시의 현대적 경지, 그리고 수상하게 된 마종기 시인의 여전히 빛나는 시적 영혼은 지금의 한국시를 풍요롭게 만드는 자산들이라고 할 수 있다. 독자들은 이 시인들의 작품을 통해 최근 한국시의 핵심적인 성취가 어떤 시적 장면을 연출하고 있는가를 확인할 수 있을 것이다. 이제 한국 문학은 하나의 언어와 하나의 시간으로 설명되지 않는 복잡한 지형과 풍요로운 계보학을 갖추게 되었다. 그것이 다만 다양성이라는 이름으로만 설명되는 것이 아니라, 문학 언어의 폭넓은 저변과 창조적 가능성을 동시에 보여주는 의미 있는 조건이라는 것을 기쁘게 확인한다. ▪

경계인의 촉각

정현종

사람의 의식과 정서의 토양이나 감도感度 같은 것들을 결정하는 것은 우선 선천적인 인자들이라고 할 수 있겠으나, 어디서 어떻게 살았느냐 하는 것도 물론 중요한 요인이라고 할 수 있다.

예술가도 물론 예외가 아닌데, 그의 남다른 체험이나 생활 조건들은 그의 마음의 움직임에 영향을 미치고, 또 어떤 특별한 경우에 더욱 민감하게 반응하는 배경이 되기도 한다.

마종기 시인의 경우 그의 직업(의사)이나 다른 예술 분야에 대한 교양이 줄곧 작품의 토양이 되어왔지만, 또 한편으로는 젊은 시절 이후 오랫동안 외국에서 살게 된 데서 만들어진 시적 촉각도 있을 터이다. 말하자면 경계인境界人으로서의 촉각.

이번 수상작품에서 「파타고니아의 양」 「디아스포라의 황혼」 「국경은 메마르다」 같은 작품들은 경계인으로서의 촉각이 현저하게 드러나는 것들이지만 다른 작품들 역시 그러한 조건에서 만들어진 정서에 물들어 있다. 그도 그럴 것이 이역異域에서는 가족의 아픔이나 죽음을 비롯한 만남과 헤어짐이, 이역이기 때문에 각별한 것일 수 있고, 꽃 한 송이(동백)를 비롯해서 모든 풍경과 광경은 이 시인만의 생활 조건이 만든 정서에 물들 수밖에 없을 터이기 때문이다. 가령 「여름의 침묵」에서,

> 나는 내 생의 전말같이 무엇에 홀려 헤매고 있었던 것일까.
> 소리 없이 나를 친 바람 한 줄을 사람인 줄 착각했었다.
> 오랫동안 침묵한 공기는 무거운 무게를 가지고 있다는 것,
> 아무도 없이 무게만 쌓인 드넓은 곳은 무서움이라는 것,
> 그래도 모든 풍경은 떠나는 나그네의 발걸음이라는 것,
> 그 아무것도 모르는 네가 무슨 남자냐고 메밀이 물었다.

하고 말할 때 "오랫동안 침묵한 공기" 라든지, "아무도 없이 무게만 쌓인 드넓은 곳"과 같은 대목에서 우리는 또한 외국 생활의 스산함에 물든 경계인의 촉각을 느낄 수 있는 것이다.

특히 「파타고니아의 양」은 인류사회의 이른바 '사랑' 이라는 것에 대해 아픈 성찰을 하게 한다.

마종기 시인에게 한국어로 쓰는 시는 짐작컨대 그가 삶을 지탱하는 중요한 버팀목이 아닐까 싶은데, 이번 수상이, 그가 매년 봄 고국에 오는 여행길을 아주 쬐끔이라도 즐겁게 해주기를 바랄 뿐이다. ■

비극적 생의 장엄함과 덧없음의 장엄함

최승호

심사를 하는 동안 나는 좀 난처한 독자였다. 스타일이 각각 다르고 추구하는 것이 저마다 다른 작품들에 들이댈 공정한 잣대가 과연 무엇인지 혼란스러웠던 것이다. 언어의 색채감과 이미지가 잣대일 때는 조용미의 시가, 리듬과 전통적인 서정성이 잣대일 때는 문태준의 시가, 상상력과 사유의 겹이 잣대일 때는 진은영의 시가 돋보인다. 다른 시인의 작품에도 그에 걸맞는 나름대로의 잣대를 얼마든지 들이댈 수 있을 것이다. 수상작을 정한다는 것은 그래서 어렵다. 다행인 것은 심사를 혼자 하지 않는다는 점이다. 심사에는 주장이 아니라 대화가 오간다. 취향과 안목이 다를 수 있기 때문에 이견이 있을 수 있으나 이번 심사에서는 좁혀야 할 이견이 거의 없었다.

수상작 「파타고니아의 양」 외 6편의 시는 마종기 시인의 근작이자 역작이다. "…굶주린 콘도르는 칼바람같이/살아 있는 양들의 눈을 빼먹고, 나는/장님이 된 양을 통째로 구워 며칠째 먹었다.//…가시보다 드센 파타고니아의 들풀을 먹을 수 없어/잇몸으로 피 흘리다 먹기를 포기하고 죽는 양들.//…남미의 남쪽 변경에서 만난 양들은 계속 죽기만 해서/나는 아직도 숨겨온 내 이야기를 시작하지 못했다." 「파타고니아의 양」이 비극적 생의 장엄함을 말하고 있다면 「디아스포라의 황혼」은 덧없음의 장엄함, 「여름의 침묵」은 광활한 침묵 속에서의 두려움과 고독을 말한다. 오랫동안 이국에 살며 이국의 이국으로, 변방에서 변방의 변방으로 자신을 밀어넣으며 잊을 수 없는 모국어로 씌어진 글들—회한과 측은지심과 뒤늦게 찾아오는 작은 깨달음들, 무위無爲의 진술처럼 장식 없는 말에는 귀한 말의 느낌이 있고 슬픔에는 슬픔에 저항하는 슬픔의 표면장력이 있다. 그동안 마종기 시인은 조국에서 멀리 떨어져 모국어를 비추고 있는 거울처럼 정직하게 시를 써왔다. 그것은 그리 쉬운 일이 아니었을 것이다. 언어의 폭력이 난무하고 과장된 언어들이 실없이 범람하는 시대에 마종기 시인의 시는 비장한 둔도鈍刀처럼 가슴을 치는 힘이 있다. 그것이 우리가 받아들여야 할 뻑적지근한 선물인지 모른다. ■

디아스포라 시인으로 살았으면…

마종기

현대문학사로부터 문학상 수상자로 지목되었다는 전화를 받고 나는 기쁜 마음보다 묘한 걱정이 앞섰다. 이 나이에 내가 상을 받아도 되는 것일까, 혹시나 우스갯거리가 되는 것은 아닐까. 그래서 나는 어느 분이 심사위원이신지를 물었고 그 다음에야 감사히 상을 받겠다고 인사를 했다. 그러나 전화를 끊고도 한동안은 이런저런 생각을 하다가 문득 왜 심사위원들이 내게 상을 주도록 추천했는지를 조금은 알 것 같기도 했다.

요즈음에도 초, 중, 고등학교 졸업식에서 학업 성적이 우수한 학생에게 우등상을 수여하고, 하루도 결석하지 않은 학생에게는 개근상을 수여하고 있는지 모르겠다. 내가 상을 받는 것은 올해 남들보다 더 뛰어난 시를 썼기 때문이 아니라 오랜 햇수, 한 해도 쉬지 않고 시를 발표해 왔다고 개근상으로 주는 것이 아닐까.

의대 본과 일학년 때 나는《현대문학》을 통해 시인으로 등단했고 그 몇 해 후 의대를 졸업하고 군의관 3년을 마친 뒤, 1966년 6월에 고국을 떠났다. 스물일곱 살이었다. 모든 것을 잊고 미국에서 한 5년 열심히 의사 수련을 받고 귀국하리라던 당초의 계획은 그러나 물경 40년이 훨씬 넘는 외국 생활로 이어지고 말았다. 고국을 떠나던 당시 나는 시인으로는 겨우 이름만 등록한 초짜 주제여서 몇 해만 쉬면 그냥 사라질 존재였지만, 그리고 그런 것에는 관심을 안 보이리라 각오하고 떠난 것이었지만, 외국 병원의 내 환자들은 온갖 병으로 자꾸 죽어나가고 세상살이는 갈수록 외롭고 힘들어져서 갈팡질팡 거릴 때, 나는 그나마 세상에서 내가 기댈 수 있고 나를 잡아주는 것은 볼품없는 내 시들인 것을 절절히 알게 되었다. 그때부터 나는 내 존재의 의미로 시 쓰기에 매달리기 시작했다.

그때 내가 한 결심은 무슨 일이 있어도 고국 시단에 매해 적어도 일곱 편의 시를 발표하기로 한 것이고, 그 결심은 밥 먹고 잠자는 것보다 우선으로 하겠다는 것이었다. 이것만이 나를 내 모국에 연결시켜주는 구명줄이고 탯줄이다, 이 줄을 절대 놓지 말고 튼튼히 유지하자, 게을러지면 이 연대의 줄이 끊어져 나는 어느 틈에 우주를 유영하는 세상의 미아가 될 것이다. 그때의 결심은 결국 한 해도 거르지 않았고 악착같이 40년 이상을 계속 이어왔다.

단지 일곱 편이라는 숫자의 강박 관념에 지배당해서인지, 아니면 정신없이 바빴던 외국의 의사 생활이 시 쓰기에는 생뚱맞은 때문인지, 지난 수십 년을 뒤돌아보면 한 해에 일곱 편을 발표하지 못한 해는 없었지만 그렇다고 열 편 이상을 발표한 해도 몇 번 되지 않는다.

좀 다른 이야기가 되겠지만, 수상작 중 하나의 제목이 되는 디아스포라에 대한 내 의견을 한마디만 남기고 싶다. 물론 디아스포라의 경험들은 보편적일 수가 없지만, 정치철학자이고 영원한 국외자로 어두운 시대를 살아온 한나 아렌트Arendt의 말, "모든 디아스포라들은 의식적으로라도 피차별자의 위치에 섰던 이들의 삶을 상기하며 살아야 한다"는 큰 약속을 잊지 못한다. 민주주의를 부르짖던 고국의 많은 문학인이 언제부터인가 완고한 국수주의나 민족주의를 열망하는 것에 나는 갈등을 느낀다. 나는 피차별자가 희망하는 열린 공동체의 의미를 늘 꿈꾸며 나머지 삶을 한국의 디아스포라 시인으로 살아갈 것이다. ■

2009 現代文學賞 수상시집
파타고니아의 양 외

지은이 | 마종기 외
펴낸이 | 양숙진

초판 1쇄 펴낸날 | 2008년 11월 30일

펴낸곳 | ㈜현대문학
등록번호 | 제1-452호
주소 | 137-905 서울시 서초구 잠원동 41-10
전화 516-3770
팩스 516-5433
홈페이지 | www.hdmh.co.kr

값 8,500원

ISBN 978-89-7275-425-1 03810